Angelica Guckes

Biblische Bildergeschichten

Der verlorene Sohn – Bartimäus – Rut – Josef – Jesu Geburt

Mit einer Einführung von Elvira Feil-Götz

calwer materialien

ISBN 978–3–7668–3715–8

2. Auflage 2011

Umschlaggestaltung: Karin Sauerbier, Stuttgart
Gesamtherstellung: Beltz Druckpartner, Hemsbach

Aufteilung und Benennung der Bilder

Der verlorene Sohn
Bildergeschichte sortiert
Bildergeschichte gemischt
Bild 1: Die beiden Söhne
Bild 2: Der jüngere Sohn bekommt sein Erbe ausbezahlt
Bild 3: Er verprasst sein Geld
Bild 4: Als Schweinehirt völlig mittellos
Bild 5: Er kehrt zum Vater zurück
Bild 6: Die Heimkehr des Sohnes wird gefeiert

Bartimäus
Bildergeschichte sortiert
Bildergeschichte gemischt
Bild 1: Bartimäus ruft
Bild 2: Bartimäus soll still sein
Bild 3: Bartimäus ruft noch lauter
Bild 4: Jesus lässt Bartimäus holen
Bild 5: Bartimäus kann wieder sehen
Bild 6: Bartimäus geht mit Jesus

Rut
Bildergeschichte sortiert
Bildergeschichte gemischt
Bild 1: Die Familie zieht in ein anderes Land
Bild 2: Die beiden Söhne heiraten
Bild 3: Die Mutter geht mit Rut zurück nach Bethlehem
Bild 4: Rut lernt Boas kennen
Bild 5: Noomi rät zur Heirat
Bild 6: Große Freude über den geborenen Sohn

Josef
Bildergeschichte sortiert
Bildergeschichte gemischt
Bild 1: Josef bei seinem Vater
Bild 2: Die Brüder werfen Josef in die Grube
Bild 3: Josef wird verkauft
Bild 4: Josef deutet den Traum des Pharao
Bild 5: Die Kornkammern werden gefüllt
Bild 6: Josef sieht seinen Vater wieder

Jesu Geburt
Bildergeschichte sortiert
Bildergeschichte gemischt
Bild 1: Maria und Josef ziehen nach Bethlehem
Bild 2: Jesus kommt im Stall zur Welt
Bild 3: Der Engel erscheint den Hirten
Bild 4: Die Hirten finden das Kind in der Krippe
Bild 5: Die drei Könige folgen dem Stern
Bild 6: Die drei Könige knien vor Jesus nieder und überreichen ihm ihre Geschenke

I. Einführung

Im vorliegenden Arbeitsheft finden Sie die biblischen Geschichten von Josef, Rut, Bartimäus, der Geburt Jesu und des verlorenen Sohnes illustriert. Die Bilder liegen jeweils als Einzelbilder im Format DIN A4 vor. Eine inhaltlich sortierte bzw. unsortierte Gesamtdarstellung auf einen Blick wird auf jeweils einer DIN A4-Seite geboten. Im Folgenden werden Ihnen einige methodische Vorschläge zum Einsatz der Bilder vorgestellt.
Sie eröffnen einen Zugang zur biblischen Geschichte, der über das Hören der Erzählung hinaus eine vertiefende Erschließung ermöglicht.

II. Methoden, die das Gespräch fördern

1. Bildbetrachtung

Die nachfolgenden Fragestellungen dienen dazu, eine gründliche Erschließung und Wahrnehmung von Bildern zu erzielen und mit der Verlangsamung des Sehens unseren heutigen raschen Sehgewohnheiten (z. B. Fernsehen) entgegen zu wirken.

- Wie hat die Zeichnerin das Bild gestaltet, was hat sie dargestellt, was wurde weggelassen, was hat sie hinzugefügt?
- Wie sind Personen, Kleidung, Landschaft, Gestik und Mimik gestaltet?
- Was steht im Zentrum des Bildes, was ist ergänzend?
- Wo im Bild würde ich gerne vorkommen, wo nicht?
- Was könnten die Personen sagen, denken, fühlen?
- Welchen Titel könnte man dem Bild geben?
- Wie könnte die Geschichte weitergehen?
- Entspricht die Darstellung meinen Vorstellungen? Was würde ich anders machen?
- Welche Farben passen zu dem Bild?

2. Bilder in die richtige Reihenfolge bringen

- Die jeweiligen Geschichten liegen als DIN A4-Vorlagen unsortiert vor. Gemeinsam mit den Schülerinnen und Schülern können die Bilder in Gruppenarbeit (GA) mit dem Overheadprojektor (OHP) bzw. an der Tafel in die richtige Reihenfolge gebracht werden. Diese Variante eignet sich besonders gut zur Wiederholung der Geschichten.
- Möglich ist auch die Einzelarbeit (EA) mit einem Arbeitsblatt (Kopie der Vorlage).
- Die Einzelbilder liegen während der Erzählung aus oder werden vorher an Schülerinnen und Schüler verteilt. Das jeweils passende Bild wird im Verlauf der Erzählung gezeigt und an der Tafel sortiert bzw. von den Schülerinnen und Schülern abgelegt.

3. Bilder mit Sprechblasen versehen

Einzelnen Figuren werden Sprechblasen hinzugefügt, in die die Schülerinnen und Schüler zentrale Aussagen der Geschichte schreiben können. Die Inhalte können entweder bereits in einer Erzählung vorgestellt worden sein oder die Schülerinnen und Schüler stellen Vermutungen an, welche Aussagen die Personen machen würden.

4. Ergänzende Medien

Der Vergleich mit Bildern aus dem Bereich der Kunst – was wird dort gezeigt, wie wird es dargestellt, was wurde weggelassen?

5. Erfahrungsbezogene Zugänge

Schülerinnen und Schüler wählen ein Bild unter folgenden Kriterien aus: Welches Bild gefällt mir am besten? Welches Bild stellt eine Situation dar, die man selbst gerne erleben würde bzw. die man nicht erleben möchte?

Ergänzende bzw. konträre Abbildungen aus Bildkarteien / Zeitschriften suchen und zuordnen (weitere an den Schülerinnen und Schülern orientierte Fragestellungen siehe unter Punkt 1.).

III. Gestalterische Methoden

1. Ausmalen

Schülerinnen und Schüler erhalten einzelne Bilder oder die vollständige Bilderfolge und malen sie in EA oder GA aus. Soll die Arbeit in GA erfolgen, erweist sich eine vorherige Absprache bezüglich der Auswahl der Farben für einzelne Figuren als sinnvoll.

2. Puzzle

Einzelne Bilder werden als Puzzle zerschnitten, die Schülerinnen und Schüler fügen das Gesamtbild zusammen.

3. Gestaltung von Arbeitsblättern

Die vorliegenden Bilder eignen sich auch als Ergänzung / Erweiterung von Arbeitsblättern, die mit Texten, Kreuzworträtseln, Lückentexten gestaltet werden.

4. Spielerische Zugänge

- Schülerinnen und Schüler erhalten ein Bild als Vorlage. Mit Egli-Figuren (Pfeifenputzern o. ä.) werden Szenen gestaltet oder als Standbilder nachgestellt.
- Schülerinnen und Schüler erhalten für die Gruppe ein Einzelbild. Sie spielen sich die Szenen (nach Einübung) gegenseitig vor; für geübte Gruppen kann man auch ein Bild zeigen und die Gruppen spontan spielen lassen.

5. Erstellen eines Buches

Die jeweiligen Bilder dienen als Illustration eines Buchs; die Texte werden ergänzt (durch die Schülerinnen und Schüler oder durch die Lehrerin bzw. den Lehrer).

6. Bildausschnitte ergänzen

Schülerinnen und Schüler erhalten nur einen Teil des Bildes (wahlweise können Zentralfiguren bleiben bzw. fehlen) und ergänzen den Rest des Bildes selbstständig.

7. Leporello

Die Einzelbilder werden mit Klebeflächen ergänzt und in der richtigen Reihenfolge von hinten zusammengeklebt und angemalt.

Die Größe ist sehr vielfältig gestaltbar, vom Format DIN A3 (Bilder entsprechend vergrößern, auf festes Papier kopieren oder mit Karton hinterkleben) bis zur Verkleinerung im Streichholzschachtelformat (dazu ziehharmonikaartig falten und an einer Seite in eine Streichholzschachtel / Filmrolle kleben).

8. Rollenbild

Die einzelnen Blätter (DIN A4) werden in der richtigen Reihenfolge mit Klebestreifen von hinten aneinander geklebt und angemalt. An beiden Enden werden Holzstäbe befestigt, deren Länge ein bequemes Festhalten ermöglicht. Der Bildstreifen kann nun wie eine Schriftrolle von einer zur anderen Seite aufgerollt und betrachtet werden.
Ergänzt werden kann die Methode durch einen Schuhkarton, der seitlich jeweils mit einem Schlitz versehen wird. In diese Schlitze können Bildstreifen eingefügt werden. Die Geschichte kann im Sinne einer Film- bzw. Fernsehvorführung angeschaut (und evtl. durch Schülerinnen und Schüler kommentiert) werden.

9. Würfel

Ein quadratischer Karton wird mit den Einzelbildern beklebt. Schülerinnen und Schüler »würfeln« und erzählen die Geschichte zum jeweils oben liegenden Bild.
Die Bilder können auch auf etwas festeres Papier kopiert werden, sodass eine Grundform für einen Würfel entsteht. Die Schülerinnen und Schüler kleben den Würfel zusammen und können sich selbst nochmals mit der Geschichte beschäftigen; sie können sie auch dem jeweiligen Nachbarn erzählen.
Als weitere Möglichkeit können die Bilder auch auf die in den Schulen vorhandenen Schaumstoffwürfel aus dem Mathematikunterricht geheftet werden.

10. Vorlagen kreativ erweitern

- Die Einzelbilder werden angemalt und ins Heft geklebt. Zum Beispiel bei dem Bild von Josef im Gefängnis können auch die Gitter mit Schnüren oder Papierstreifen geklebt werden.
- Wahlweise können auch auf OHP-Folien ergänzende Details gemalt werden und diese Folien über das Bild ins Heft geklebt werden.
- Tiere, Landschaften, Wolken usw. können mit Stempeln, Naturmaterialien, Wolle, Watte etc. ergänzt oder gestaltet werden. Dies ist sowohl für die EA im Heft als auch für die GA auf größeren Vorlagen möglich.
- Gerade die Josefsgeschichte eignet sich gut dazu, den jeweiligen Kleidern des Josef besondere Aufmerksamkeit zu schenken. Dazu wird der Figur ein jeweils passendes Kleid »angezogen«. Alte Stoffreste, Rupfen usw. müssen den Kindern dafür bereitgestellt werden. Sie schneiden sie aus und kleben sie auf die Figur.

Der verlorene Sohn (Bildergeschichte gemischt) © Calwer Verlag, Stuttgart

Der verlorene Sohn

Der verlorene Sohn © Calwer Verlag, Stuttgart

Der verlorene Sohn

Der verlorene Sohn © Calwer Verlag, Stuttgart

Der verlorene Sohn © Calwer Verlag, Stuttgart

Der verlorene Sohn © Calwer Verlag, Stuttgart

Bartimäus © Calwer Verlag, Stuttgart

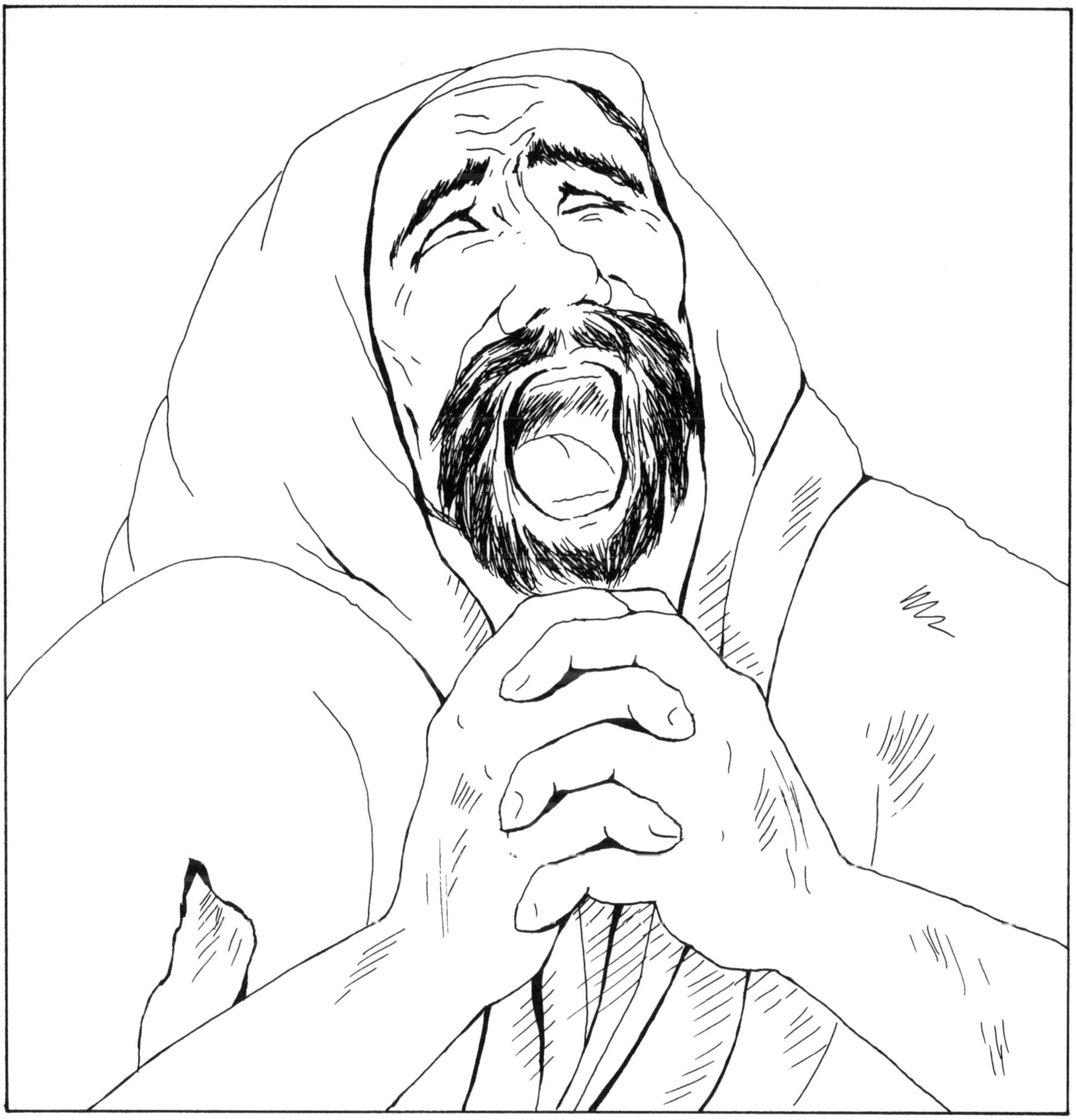

Bartimäus © Calwer Verlag, Stuttgart

Bartimäus © Calwer Verlag, Stuttgart

Bartimäus © Calwer Verlag, Stuttgart

Bartimäus © Calwer Verlag, Stuttgart

Rut © Calwer Verlag, Stuttgart

Josef © Calwer Verlag, Stuttgart

Jesu Geburt (Bildergeschichte gemischt) © Calwer Verlag, Stuttgart

Jesu Geburt © Calwer Verlag, Stuttgart

Jesu Geburt © Calwer Verlag, Stuttgart

Jesu Geburt © Calwer Verlag, Stuttgart

Malvorlagen in der Reihe »calwer materialien«

Angelica Guckes
Malvorlagen Religion
Grundschule 1./2. Schuljahr
44 Mal- und Kopiervorlagen
Format: DIN A4
ISBN 3–7668–3582–3

Angelica Guckes
Malvorlagen Religion
Grundschule 3./4. Schuljahr
43 Mal- und Kopiervorlagen
Format: DIN A4
ISBN 3–7668–3680–3

Die Malvorlagen beider Hefte orientieren sich an den Lehrplanthemen der Grundschule. Sie sind auch bestens für die Freiarbeit im Kindergottesdienst und in der Gemeindearbeit geeignet. Es handelt sich sowohl um Sachzeichnungen als auch um Bilder, die biblische Geschichten in Szene setzen. Das Heft Malvorlagen Religion, Grundschule 1./2. Schuljahr ist bereits in 2. Auflage erschienen.

Der Baum als Lebensbaum

Rebekka wird Isaaks Frau

Tiere

Eine-Welt-Laden

Mandala-Titel im Calwer Verlag

Malvorlagen Religion
Mandalas
20 Motive zum Ausmalen
Format: DIN A4
ISBN 3–7668–3649–8

Mandala-Postkartenbuch
14 zauberhafte Motive zum
Ausmalen und Verschenken
Postkartenformat
ISBN 3–7668–3661–7

Das Heft bietet zwanzig ausgesuchte phantasievolle Mandalas, davon sind 14 Motive auch als Postkarte im Mandala-Postkartenbuch erhältlich. Die Mandalas eignen sich bestens für die Freiarbeit im Schulunterricht, im Kindergarten und in der Gemeindearbeit.